José Zorrilla

La oliva y el laurel

Barcelona **2024**
Linkgua-ediciones.com

Créditos

Título original: La oliva y el laurel.

© 2024, Red ediciones S.L.

e-mail: info@linkgua.com

Diseño de cubierta: Michel Mallard.

ISBN rústica: 978-84-9816-283-7.
ISBN ebook: 978-84-9897-896-4.

Sumario

Brevísima presentación

La vida

José Zorrilla (Valladolid, 1817-Madrid, 1893). España.
Tras estudiar en el Seminario de Nobles de Madrid, fue a las universidades de Toledo y Valladolid a estudiar leyes. Poco después abandonó los estudios y se fue a Madrid. Las penurias económicas le hicieron a vender a perpetuidad los derechos de Don Juan Tenorio (1844), la más célebre de sus obras. En 1846 viajó a París y conoció a Alejandro Dumas, padre, George Sand y Teophile Gautier que influyeron en su obra. Tras una breve estancia en Madrid, regresó a Francia y de ahí, en 1855, marchó a México donde el emperador Maximiliano lo nombró director del teatro Nacional. Publicó un libro de memorias a su regreso a España.

Alegorías

El genio de la guerra, gallardo mancebo armado
El genio de la paz, noble matrona, vestida de blanco, coronada de oliva
La buena fe, representada en un rústico y honrado labrador
El Tiempo, viejo
Eco, ninfa juguetona y parlera, vestida al capricho
Genios súbditos de la Guerra, como la peste, la Ambición, el Hambre, etc., etc.
Atributos y genios de la Paz, como el Amor, la Amistad, las Artes, etc., etc.

Acto único

Alegoría. Escrita para las fiestas de la proclamación de su majestad la reina doña Isabel II

Mansión horrible en el alcázar del Genio de la Guerra, representada por una gruta o antro en el centro de una montaña, con toda la agreste belleza de que es susceptible semejante cuadro. En medio un robusto y frondoso laurel. En el fondo, a cierta elevación, un lecho rústico en que se ve dormido al Tiempo, con sus mitológicos atributos. Trofeos de armas de todas clases, antiguas y modernas, se verán esparcidos por la escena, con cuantos muebles quieran ponerse alegóricos de la guerra.

Escena I
Óyese dentro ruido de armas y voces, y salen varios genios súbditos del de la guerra, arrastrando a la paz al laurel, en que la maniatan.

El genio de la paz   ¡Monstruos! ¿Así se ultraja a una matrona?
            ¿Así me trata vuestro rey?

Los genios de la guerra   Así.

El genio de la paz   ¿Nadie mi causa compasivo abona?

Los genios de la guerra   Nadie.

El genio de la paz   Y ¿cautiva seré siempre?

Los genios de la guerra   Sí.

(La dejan atada y se apartan al fondo del escenario.)

El genio de la paz   ¡Mísera tierra! De ominoso luto
            tu faz envuelve en funerales tocas,

y de jugo vital tu suelo enjuto,
en grietas hiende, cuyas anchas bocas
la sangre chupen de las lides fruto.
Fuentes de sangre manarán tus rocas,
y tus verdes encinas corpulentas,
hojas y ramas brotarán sangrientas;
   Las brisas que otro tiempo perfumadas
sonaron por tus bosques y jardines,
de sangriento vapor vendrán preñadas,
arrastrando el clamor de los clarines;
y en vez de tus silvestres enramadas
de espesas madreselvas y jazmines,
verás pudrirse entre tus secos guijos
los desgarrados miembros de tus hijos.
   ¡Mísera tierra! La guerrera trompa
atronará tus ámbitos sangrientos;
y despojada de tu fértil pompa,
que hoja por hoja arrancarán los vientos,
serás solo un pedrusco en que se rompa
la furia de los locos elementos;
desierto de arenales y peñones,
madriguera de sierpes y leones.

Escena II

El genio de la paz. El de la guerra. Sus genios.

El genio de la guerra   (Saliendo de repente)

   Será, mujer imbécil, mi palacio:
y el campo, despojado de verdura,
circo será de suficiente espacio
donde ensayarme en la pelea dura.
Y si el suelo a brotar está reacio

de sus olmos y robles la espesura,
al riego del sudor de mis corceles
lo poblaré de bosques de laureles.
    ¿Qué falta nos hará tu vil descanso?
¿Qué valen tus pacíficos primores,
ni qué importa la orilla de un remanso
cercar de huesos o de breves flores?
¿Qué más da que repita el aire manso
tus himnos o el doblar de mis tambores?
¿Por qué han más de valer tus torpes vicios
que mis nobles y ardientes ejercicios?
    Tú, ¿qué has creado? Imbéciles varones
que consumen su vida en dictar leyes,
que hacen desesperar a las naciones,
y acudir a las armas a los reyes:
y al fin de sus discursos baladrones,
cuando han uncido para arar los bueyes,
que es fuerza ven, para guardar su tierra,
uncirlos en el carro de la guerra.
    Para venir a tales resultados,
no sé por qué la tierra dividida
entrambos ha de estar; pues tus estados
por mí te tienen siempre defendida,
y tu prez y valor son mis soldados,
y mis bravos ejércitos tu vida:
protegida es igual que encarcelada:
quédate, pues, a mi laurel atada.

El genio de la paz   Genio de sangre y mortandad sediento,
si guarda aún tu corazón de roca,
de compasión un solo sentimiento,
una súplica atiende de mi boca.

El genio de la guerra   Templo es mi pecho del altivo aliento

que mantener al vencedor le toca:
habla, y si ves que con orgullo escucho,
ve que en oírte solo, aun hago mucho.

El genio de la paz   Oye un instante, pues: en una punta
de esa altanera tierra, de la Europa,
una noble nación hay, que se junta
contra sí misma en iracunda tropa.
Diez años dormí allí casi difunta,
del regio manto en la rasgada ropa,
y diez años guardé con pobres leyes
el combatido solio de sus reyes.
    Diez años son de llanto y de amargura,
en abandono y soledad pasados,
más diez años que llevo por ventura
en mi memoria y corazón grabados:
y con tan honda y maternal ternura
me aduermo en sus recuerdos encantados,
que me holgara en yacer en aquel suelo
que con tan puro azul cobija el cielo.
    Pon mi cárcel allí, será mi trono:
señálame en su centro, en breve espacio,
mansión, y el universo te abandono,
por si te ves al fin de sangre sacio.
No más entre los dos lucha ni encono:
en pocos pies de tierra, mi palacio
tendré, y bajo tus leyes, de exterminio
tendrás al universo en tu dominio.
    Esto conviene más a tu bravura
y al excelso esplendor de tu corona,
que dar en tal mansión cárcel oscura
a una pobre y pacífica matrona.

El genio de la guerra   Bien merece un rincón por sepultura

12

quien todo el universo me abandona:
mas, veamos, ¿cuál es la tierra extraña
do ese rincón anhelas?

El genio de la paz   Es España.

El genio de la guerra   ¡España!

El genio de la paz   Sí; que en su feraz terreno
reventan las espigas entre flores,
y de sus valles el sombrío ameno
orea con purísimos olores,
en amarillas chozas, lechos de heno
que acunaron del mundo a los señores.
España, sí, donde a la par se anida
el germen del honor y de la vida.
    Allí es sufrida la briosa gente;
allí el pueblo es leal, sobrio y sencillo:
allí segura la amistad no miente,
no ciega allí del oro el falso brillo;
allí se escucha la vejez prudente;
allí ase el mozo a par espada o trillo,
y allí, según que la ocasión requiere,
se vive labrador y héroe se muere.
    Hartos siglos en guerras desastrosas,
allí siguieron tu sangriento carro,
y tuvieron sedientos sus sabrosas
aguas que serenar en rojo barro,
Déjame, pues, que las marchitas rosas
fecundice otra vez del fresco Darro,
y el son alegre de tranquila zambra
a encantar los patios de la Alhambra.

El genio de la guerra   Ten esa lengua, y que jamás me pida

lo que jamás me comprarán tesoros.
Pidiérasme la Italia corrompida,
que alza a su esclavitud himnos sonoros;
pidiérasme la Grecia empobrecida,
las tostadas arenas de los Moros,
y cuanto el mar sobre la Europa baña,
antes que un pie de la atrevida España.
   Allí nace el varón constante y fiero;
allí nace el soldado vigoroso;
allí se forja irresistible acero,
y allí se cría el bruto poderoso
qué saca del combate al caballero,
o da con él su aliento generoso;
y allí mueren invictos capitanes
los que nacieron rústicos jayanes.
   ¿Darte la España yo? Nunca: sería
cederte imbécil el mejor pedazo
de mi solio imperial: preferiría
sentir sin fuerzas mi potente brazo
y sin fe el corazón: mejor querría
trocar por una rueca o un cedazo
la ponderosa lanza, y entre flores
presa yacer de estúpidos amores.
   No; mi esclava serás. Yace aquí sola,
mientras yo con mis fieros españoles
conquistaré la mar ola tras ola,
la tierra ganaré soles a soles.

El genio de la paz   ¿Y qué esa raza logrará española,
cuando con ella el universo asoles?

El genio de la guerra   Sus huesos formarán una montaña
donde clavemos el pendón de España.
   Allí roto jirón, mas siempre honrado,

14

cuando la noche con sus velos ciña
los ámbitos del mundo desolado,
derramará la luz por la campiña;
y al abrirse el Oriente purpurado,
espantará las aves de rapiña
que a guarecerse de él habrán venido
con corvo vuelo y gutural graznido.
    ¡Sus, pues, ioh genios de la Guerra hermanos!
nuestro alcázar oscuro abandonemos!
¡Sus, y en los corazones castellanos
de las lides el vértigo soplemos!
Sangre goteen nuestras rojas manos;
y pues cautiva ya la Paz tenemos,
libres volad, ioh genios de la Guerra!
y en España caed: nuestra es la tierra.

(Vase el Genio de la guerra seguido de los que han atado al de la Paz y de los que han salido con él, al ruido de música marcial que se pierde a lo lejos.)

Escena III
El Tiempo y El genio de la paz

El genio de la paz   ¡Mísera España! Edén voluptuoso,
templo de la molicie y del amor,
¿qué van a hacer de tu recinto hermoso
las iras de ese Genio asolador?
    Los rizos de espesísimos cabellos
a tus lindas morenas cortarán,
algún cañón para arrastrar con ellos,
del cáñamo en lugar, que no hallarán.
    En vez de los dulcísimos cantares,
de su amoroso afán tierna expresión,
atronará tus viejos encinares
el estruendo del cóncavo cañón.

No bordarán tus campos gayas flores,
las golondrinas ¡ay! te olvidarán,
y acaso tus canoros ruiseñores
con ellas a la par emigrarán.
¡Mísera España! El cetro sanguinoso
no admitas de ese monstruo de furor;
no des camino en tu recinto hermoso
al carro de ese Genio asolador.
¡Inútil anhelar!... Mas pasos siento:
¿quién en esta prisión penetrará?

La buena fe (Dentro) ¡Hola! ¿No hay nadie por aquí?

El genio de la paz   ¡Qué acento!
Y no parece hostil. ¿De quién será?

Escena IV

El Tiempo en su lecho, El genio de la paz y La buena fe

El genio de la paz   ¿Quién va?

La buena fe   Y ¿quién habla?

El genio de la paz   La Paz.

La buena fe   ¿Por qué no tomas la puerta?
Yo abierta me la encontré,
y lo mismo la dejé.

El genio de la paz   Confusa mi alma, no acierta
quién se atreva a hablar aquí
de manera tan extraña.

La buena fe   Soy la BUENA FE de España.

El genio de la paz	Reconocerte debí.
La buena fe	¿En qué?
El genio de la paz	En la franca expresión con que tu labio se explica.
La buena fe	Sus sentimientos me aplica a la lengua el corazón; que como yo campesino soy, y criado en llaneza, siempre llamé con franqueza al pan pan, y al vino vino.
El genio de la paz	Mas ¿cómo te encuentro aquí?
La buena fe	Pie a pie me han desposeído de la tierra en que he nacido, y de la tierra me huí; y ese desierto quizás travesando a la ventura, di con una puerta oscura, y entreme sin más ni más.
El genio de la paz	¿Cuál es tu tierra?
La buena fe	Castilla.
El genio de la paz	Mas por su honradez descuella.
La buena fe	Mas fermenta en toda ella de la doblez la semilla. Ello es que hay duelos a miles

sobre el Hispálico suelo,
y a España cubren de duelo
fieras contiendas civiles.

Contra sí mismos, insanos
revuelven sus propios hierros,
y se muerden como perros
los leones castellanos.

¡Qué diablo! Y no han de poder
lo que pretenden lograr,
pues todos son a mandar,
y ninguno a obedecer.

Ya no hay lazos que les aten,
no hay leyes que les contengan;
éstos de aquéllos se vengan,
los otros y éstos se baten.

Yo les grité: «Sois hermanos,
bajo un mismo Sol nacidos»;
mas no me dieron oídos,
y vinieron a las manos.

Me afané por su concordia,
mas sobre mí dieron luego,
guerreándome a sangre y fuego,
la colérica discordia,
y el hambre descolorida,
y la ambición de oro hinchada,
la traición enmascarada
y la envidia carcomida.

Y por doquier me asaltaban,
por doquier me perseguían,
y alguna vez me adulaban
y traidoras me vendían.

Yo, sostener no pudiendo
contra tantos tan vil guerra,
abandoné al fin la tierra

y hasta aquí me vine huyendo.

El genio de la paz   ¡Ay, infeliz campesino,
y hasta tus pies te vendieron
cuando hoy emprender te hicieron
de este lugar el camino!
    De la guerra huyendo vas
la doblez y la malicia,
y por tu propia impericia
dentro de su alcázar das.

La buena fe   ¿Esto es su alcázar?

El genio de la paz   Esto es;
y aquí es fuerza, desdichado,
que te encadene a mi lado
si no te salvan los pies.

La buena fe   Huye conmigo.

El genio de la paz   No puedo,
que me atan estas cadenas.

La buena fe   En ese caso, tus penas
contigo a llorar me quedo.

El genio de la paz   Y te asirán.

La buena fe   ¿Qué remedio?
Los hombres me llaman tonto,
y a todo me encuentro pronto,
si no por virtud, por tedio.

El genio de la paz   Huye, por Dios, y yo sola

19

	llore la desdicha mía.
La buena fe	¿Sin ti? No; renegaría de mi buena fe española. Contigo me he de salvar, o me he de quedar contigo.
El genio de la paz	Huye, labrador, te digo.
La buena fe	Es inútil porfiar.
El genio de la paz	¡En todo, con poco tino ha de obrar la buena fe!
La buena fe	Pues de ambos a dos no sé quién tomó peor camino. Que si con sana intención doquier hallaste deseo, a fe que ahora que te veo, te hallo en buena situación.
El genio de la paz	Tórnate a España.
La buena fe	No haré; que en donde la paz emigra, o muchísimo peligra, o estorba la buena fe.
El Tiempo	(Levantándose del lecho.) Errado vas, buen villano, y tu ruda terquedad muestra bien claro, en verdad, tu honradez de castellano.

La buena fe	¡Hola! ¿El viejo nos oía, y creí que reposaba?

El Tiempo	Todo en el tiempo se graba,
	todo lo escucha y lo espía.
	   Nada a mis ojos se esconde,
	nadie hay que en mi contra arguya,
	ni hay nada que no concluya
	allí do le corresponde.
	   Y así como mi guadaña
	calmó lides más impías,
	yo haré que en muy breves días
	calme las lides de España.

La buena fe	El remedio es como tuyo, sin duda, ¡viejo feroz! tú dices: «Meto mi hoz a ciegas, siego y concluyo» Y siempre que haces alarde de tu poder, he advertido que al mal a que has acudido, acudiste siempre tarde.
El Tiempo	Un poder más soberano guía mí mano, labriego, y yo le consagro, ciego, todo el poder de mi mano. Y éste jamás se equivoca ni se distrae, ni alucina, que es quien los astros calcina con el soplo de su boca.
La buena fe	¡Bah! ¡Quieres salvar a España y con tal calma te estás!

Mas ¿tú? ¡Pues la dejarás
soberbia con tu guadaña!

El Tiempo   Como quien eres replicas.

La buena fe   Lo que sentí siempre hablé.

El Tiempo   Pues oye bien, Buena Fe,
con quién es con quién platicas.
   Yo antes que el cielo y que la luz nací
la negra eternidad mi madre fue,
ileso lo pasado vive en mí,
y penetrar en lo futuro sé.
Yo las generaciones nacer vi,
yo las generaciones enterré,
y todo cuanto ha sido es y será,
puesto al alcance de mi mano está.
   Yo consumo las fuerzas del león,
yo carcomo los bordes de la mar,
yo mino el pie del colosal peñón,
yo desplomo la encina secular;
yo marco a las edades división,
yo puedo a las arenas numerar,
yo doy a cuanto a luz puede salir
lugar en qué nacer y en qué morir.
   Yo el giro de los astros señalé,
yo vida débil a las flores di,
yo arraigo el árbol que morir las ve,
yo inspiro al ave que se anide allí.
Yo hago al gusano que le roa el pie,
y yo, que la existencia les medí,
de ave, y gusano, y flor, y árbol, al par,
siento el soplo y la sangre circular.
   Yo cuento las escamas al reptil

para saber los años que vivió,
cuento a la tierra sus grietas mil
para saber el jugo que perdió;
y las plumas al pájaro gentil,
y a la araña los hilos que tejió,
y sus conchas le cuento al mar azul,
y sus hojas al cárdeno abedul.
    Yo juego con el mundo universal,
trastornando a placer cuanto hay en él;
yo hago jardín el árido arenal,
y torno en lago fétido el vergel.
Yo arrasé el Paraíso terrenal,
yo desmonté las piedras de Babel,
y amontoné nación sobre nación
para esparcir en polvo su montón.
    Ya sabes lo que puedo y lo que soy,
escucha, pues, lo que escondido está

(Señalando al reloj de arena)

bajo esos granos que contando voy
y un vaso en otro trasegando va.
Cuando la vuelta a ese arenero doy,
con él la vuelta la centuria da;
y cuando en él la arena entre al revés
será España feliz.

La buena fe
(Con oportunidad.)   Vuélvele pues.

El Tiempo   No: faltan granos que pasar aún;
faltan días aún de división;
mas pronto formará masa común
la arena, en solo un vaso y un montón,

y vuestras horas cambiarán, según
los granos cambiarán de situación,
hasta que radie bajo el Real dosel
la coronada frente de Isabel.

El genio de la paz   Y entre tanto los pueblos arderán
en lid sangrienta sin honor ni prez

La buena fe   Y al incauto español su presa harán
la pérfida ambición y la doblez.

El Tiempo   Su nobleza y su fe les salvarán,
y os abrirán los brazos otra vez,
y tranquilo otra vez se alzará el Sol
por cuanto abarca el ámbito español.

La buena fe   Buena esperanza, mas ia buena hora!

El Tiempo   Ten confianza en mí.

La buena fe   Despacio va.

La ninfa Eco (Dentro.)   ¡Ah!

La buena fe   ¡Eh! ¿Qué, hace aquí esa voz remedadora?

Eco (Dentro.)   Llora.

La buena fe   Calla! Y ¿quién llora entre el peñasco hueco?

Eco (Dentro.)   Eco.

El genio de la paz   ¿Eco? ¡También tal vez huyendo va!

| Eco | (Dentro.) | Va. |

| El Tiempo | Es Eco, esa Ninfa loca |
| | que gime de roca en roca. |

| El genio de la paz | Bien llegada hasta aquí sea, |
| | aunque pese a su pie audaz. |

| El Tiempo | Solo en repetir se emplea |
| | lo que es de aprender capaz. |

| La ninfa Eco (Saliendo.) | Paz. |

| El Tiempo | Esa es quién verte desea. |

| Eco | Sea. |

Escena V

El Tiempo, que mira indiferente caer la arena de su reloj. El genio de la paz. La buena fe. La ninfa Eco.

| El genio de la paz | ¿Cómo en lugar tan horrendo |
| | penetrar osaste? |

| Eco | Huyendo. |

| El genio de la paz | Y ¿sobre qué tierra extraña |
| | dejas tu albergue? |

| Eco | En España. |

| El genio de la paz | ¡Todos la huyen! ¡Ay de mí! |

Eco	¡Ay de mí!
El genio de la paz	¡Todos la dejan así!
Eco	Sí.
La buena fe	Bizarramente contesta:
	mas a mí, si no te ofende,
	¿me darás una respuesta?
Eco	Presta.
La buena fe	Saber, pues, mi afán pretende
	lo que pasa en nuestra tierra.
Eco	Aterra.
La buena fe	Habla, pues, mas dilo todo
	en el lenguaje y el modo
	en que Castilla lo entiende.
Eco	Pues atiende.
	Yo el Eco soy que domina
	de España a todos los ecos
	que habitan entre los huecos
	de su tierra desigual,
	y Ninfa joven y libre,
	y juguetona y risueña,
	repito de peña en peña
	cuanto escucho bien y mal.
	Yo en la soledad del monte,
	al resplandor de la Luna,
	las notas una por una
	remedo de su rumor;

el murmullo de las hojas,
el gotear de la fuente,
y el susurro impertinente
del insecto zumbador.
　Y en remedar me divierto
por los valles a deshora,
de la bella labradora
los suspirillos de amor;
y en imitar me complazco
entro los ásperos cerros
el ladrido de los perros
y el silbar del cazador.
　Así la vida me paso
embebecida y contenta,
escuchando siempre atenta
cuanto suena en derredor,
y me halagan igualmente,
de la noche entre el misterio,
de los monjes el salterio
y la gaita del pastor.
　Así he vagado tranquila
desde una a otra montaña,
de la deliciosa España
por el suelo encantador;
hasta que el aire aromado
de su fructífera tierra
llenó el genio de la guerra
con su salvaje clamor.
　De entonces fue mi destino,
cambiándose de repente,
volver incesantemente
el redoble del tambor,
y el gemir del moribundo,
y el crujir de la batalla,

y el silbar de la metralla,
y el clarín del vencedor.
    Poco a poco el estampido
de los cóncavos cañones,
que hundían los murallones
con temeroso fragor,
ensordeció a mis hermanas,
que con tan ciega fortuna,
en sus grutas una a una
expiraron de temor.
    Yo sola quedó, y errante
busqué en las chozas asilo
y bajo el hogar tranquilo
del sencillo labrador;
mas palmo a palmo la tierra
me hicieron perder huyendo,
mis guaridas invadiendo
en tropel devastador.
    De Cataluña en los riscos
creí que me salvaría,
mas cercados los tenía
somatén atronador;
huí donde orla de rosas
Guadalquivir su ancha orilla,
mas ¡ay! también en Sevilla
combatían con furor.
    Entonces tendí los ojos
por la sangrienta campiña,
y solo aves de rapiña
sobre ella cernerse vi;
y hallándome sin un hueco
donde murmurar en calma,
llena de pesar el alma
dejé el suelo en que nací.

El genio de la paz	¿No queda, pues, un pedazo de ese mísero terreno, de desolación ajeno?
Eco	Todas son lides allí.
La buena fe	¿Qué tal? Y ese viejo estúpido nos auguraba venturas.
El genio de la paz	Todo el campo en sepulturas se habrá tornado, ¡ay de mí!
Eco	¡Ay de mí!

La buena fe (A El Tiempo.)

¿Lo ves? Ya todo la guerra
lo atropella y lo trastorna:
¡y tú aquí con tanta sorna
sin acudirnos te estás!
¿No decías que el remedio
tenías ahí en la mano?

El Tiempo	Espero el último grano.
La buena fe	¡Qué caerá tarde quizás!
El Tiempo	Caerá cuando tiempo sea.
La buena fe	¡Pardiez, y en tiempo oportuno! Cuando no quede hombre alguno

(Ruido dentro y lejano)

	de la ventura capaz.
El genio de la paz	Silencio. ¿No oís....
El genio de la guerra (Dentro)	¡Victoria!
Eco	(Como volviendo el sonido.) ¡Victoria!
La buena fe	¿A qué alzas tú el grito?
Eco	Es que cuanto oigo repito.
La buena fe	Tu costumbre montaraz.
Eco	Tal es mi naturaleza: mas el rumor se aproxima.

(La Paz, Eco y Buena fe, escuchan con ansiedad, y muestran cada vez más pavor.)

La buena fe	Ruega al cielo que reprima lo sonoro de tu voz.
El genio de la paz	¡Es el genio de la guerra!
La buena fe (Con miedo)	¡Es el averno que se abre!
El genio de la paz	Fuerza es que tumba nos labre en su victoria feroz.

El genio de la guerra   (Dentro)
                            ¡Victoria!

El genio de la paz   El trance postrero
                        para nosotros llegó.

El Tiempo
(Volviendo al lecho)   Yo aquí indiferente espero.

La buena fe   ¡Y yo tiemblo!

El genio de la paz   Y yo.

Eco   Y yo.

(El genio de la paz, inclinando la cabeza sobre el pecho, manifiesta el más profundo abatimiento. La ninfa Eco se guarece de una gruta, nicho ú otra cualquiera abertura proyectada a la izquierda. La buena fe se acoge junto al lecho del Tiempo.)

Escena VI

El genio de la paz. El Tiempo. La buena fe. Eco, oculta. El genio de la guerra, seguido de los otros genios secuaces suyos.

El genio de la guerra Así: que vuestros gritos de victoria
                      la cavidad de mi recinto atruenen,
                      y las hojas del árbol de mi gloria
                      a vuestra voz estremecidas suenen.
                      Tejedme de laurel doble corona,
                      cuya sacra verdura inmarcesible
                      hasta el rayo de Júpiter perdona,
                      prestándonos valor irresistible.
                      Lejos de aquí las de aromosos ramos

del arrayán de Venus, que cautiva
de amor el corazón; nunca ciñamos
encina verde ni jugosa oliva.
El laurel nada más, que es lo que toca
a quien con su valor domó la tierra;
laurel que arraiga en la escarpada roca
al dintel del alcázar de la guerra.
Y tú de serenatas y festines
Genio entre la molicie envilecido,
yace ahí, mientras tienen mis clarines
el aire de tu España ensordecido.
Yace mientras agita la discordia
su fiera población: llorando queda,
mientras caen tus olivas de concordia
de mi carro triunfal bajo la rueda.

Eco   Rueda.

El genio de la guerra   ¿Quién remeda mi voz bajo ese hueco?

Eco   Eco.

El genio de la guerra   Esa audacia ¡por Hércules! me admira.

Eco   Mira.

El genio de la guerra   Arrastrad a mis plantas a quien sea.

Eco   Sea.

(Los genios sacan a La ninfa Eco.)

El genio de la guerra   ¿Quién eres tú?

Eco   De hoy mas, soy tu cautiva.
                                     El eco soy de la infeliz España,
                                     a quien traen tus combates fugitiva
                                     de montaña en montaña.

El genio de la guerra   Y ¿quién te trajo aquí?

Eco   Mi pie extraviado.

El genio de la guerra   Reconozco la mano del destino
                                     que me quiere dejar de ti vengado.
                                     Yo por los campos con afán corría
                                     de España; a lid sus pueblos convocaba,
                                     y tan solo mi voz se obedecía
                                     en el círculo escaso en que sonaba.
                                     Y ¿eras tú quién mi voz entorpecía
                                     porque mi ronca voz te amedrentaba,
                                     porque tu eco mi voz no repetía
                                     y en tus mudas cavernas expiraba?
                                     Pues bien: de tu traición y tu malicia
                                     el vengarme a. mi vez será justicia.
                                     Atadla allí también con nudo recio,
                                     y que mueran las dos.

La buena fe   Son dos mujeres,
                                     señor.

El genio de la guerra   ¿Otro extranjero? Y ¿tú, quién eres?

La buena fe   Yo... soy... la Buena Fe.

El genio de la guerra   Por eso, necio,
                                     perdón para los otros solicitas
                                     cuando al par para ti lo necesitas,

	pues que las tiende tu amistad la mano.
La buena fe	Es cierto; yo jamás mentí villano.
El genio de la guerra	Bien: pagaréis los tres al mismo precio: mueran sin compasión.
El Tiempo	Tente, tirano.
El genio de la guerra	¡Fuera, estúpido viejo! Aparta ahora, y cuenta sus instantes postrimeros.
El Tiempo	¿Ni aun, tu ira calma la mujer que llora? ¿Qué te harán esos pobres prisioneros? ¿Rendidos no los ves bajo tu planta? ¿Qué podrán estorbarte, si les dejas con el dogal atado en la garganta?
El genio de la guerra	Excusa, anciano, impertinentes quejas: mis enemigos son, y si que vivan dejo, y te imitan en tu porte ambiguo, tal vez mañana libertad reciban vuelvan otra vez al daño antiguo.
El Tiempo	Escucha, pues.
El genio de la guerra	Aparta; nada escucho.
El Tiempo	Repara que es el tiempo poderoso.
El genio de la guerra	¿Quién más que yo?
El Tiempo	Quien menos orgulloso, blasona poco, pero alcanza mucho.

El genio de la guerra	Inútil bravear. Yo solo quiero el orbe dominar, y a España toda de mi parte tener, que al orbe entero prefiero el germen de su sangre goda; sí, este Sol de la Paz es el postrero.
El Tiempo	Piénsalo bien y al tiempo te acomoda.
El genio de la guerra	Quiero ser solo, y morirá sin duda, por más que el tiempo a su socorro acuda.
El Tiempo	Mira que avanza de su triunfo el día.
El genio de la guerra	Su triunfo a detener, basta mi mano.
El Tiempo	Puede esa arena acelerar la mía.
El genio de la guerra	No; caer debe hasta el postrero grano, y quedan los de un año todavía.
El Tiempo	Tal vez no.
El genio de la guerra	¿Me provocas?
El Tiempo	La cabeza respeta de la Paz.
El genio de la guerra	Ruegas en vano.
El Tiempo	No puedo con tan torpe villanía; ríndeme vil tu bárbara fiereza: suprimo ese año en que tu rabia fía; mira, EL REINADO DE ISABEL EMPIEZA.

(El Tiempo vuelve su reloj de arena.)

Escena última

Cambia la decoración en deliciosos jardines en el alcázar de la Paz. El laurel a que ésta se halla atada, se cambia en una oliva, y abriéndose en el fondo un vistoso grupo de vapores, aparece el retrato de su majestad doña Isabel II, con cetro y corona.

El genio de la paz   Genio de sangre y lides nunca sacio,
dobla a mis plantas la cerviz altiva.

El genio de la guerra ¿Qué es esto? ¿Dónde estoy?

El genio de la paz   En mi palacio.

El genio de la guerra ¿Qué árbol es éste?

El genio de la paz   De la Paz la oliva.

El genio de la guerra ¡Cielos!

El genio de la paz   Pasó de un punto en el espacio,
a ser señora la que fue cautiva.

El genio de la guerra ¿Y ese esplendor que tu palacio inunda?

El genio de la paz   Es la sonrisa de Isabel segunda.

El Tiempo   Es Isabel, quien tu furor confunde,
quien tu brazo rindió jamás vencido,
quien las delicias de la paz difunde
desde el augusto solio a que ha subido.
Esa es por quien mi mano un año hunde

en la lóbrega sima del olvido,
librando así de tu sangrienta saña
la dulce paz de la turbada España.

El genio de la guerra   Sí, me rinde la luz de su semblante:
su tierna edad y su inocencia pura
esclavizan mi espíritu arrogante,
que esclavo es el valor de la hermosura.
Ruede a sus pies mi escudo rutilante,
caiga rota a sus pies mi lanza dura:
sépase al fin que en la española tierra
sabe ceder a la razón la guerra.

El Tiempo   Y yo el tiempo a los dos sabré marcar
y entre los dos igual le partiré.
Yo sabré tu laurel inmarchitar,
yo tu oliva feraz secundaré.
Yo sabré tu valor utilizar,
yo tus frutos doquier propagaré,
y ambos a dos unidos, su cerviz
podrá España elevar libre y feliz.

(La paz y la guerra se dan la mano.)

El genio de la paz   Yo llenaré sus campos de verdor;
yo cubriré de naves su ancha mar;
yo inspiraré a los vicios noble horror;
yo haré la ciencia y el trabajo amar;
yo a la ley y a las artes daré honor,
yo haré la religión con fe mirar;
yo haré de España, con el tiempo, en fin,
de gloria y de placer, templo y jardín.

El genio de la guerra   Yo guardaré su campo al labrador;

yo haré sus leyes santas respetar;
yo daré a sus ejércitos valor;
yo les haré vencer en tierra y mar;
yo con mi escudo guardaré su honor;
yo haré el nombre español reverenciar;
y su rojo pendón llevaré, en fin,
de uno en otro recóndito confín.

Libros a la carta

A la carta es un servicio especializado para
empresas,
librerías,
bibliotecas,
editoriales
y centros de enseñanza;
y permite confeccionar libros que, por su formato y concepción, sirven a los propósitos más específicos de estas instituciones.

Las empresas nos encargan ediciones personalizadas para marketing editorial o para regalos institucionales. Y los interesados solicitan, a título personal, ediciones antiguas, o no disponibles en el mercado; y las acompañan con notas y comentarios críticos.

Las ediciones tienen como apoyo un libro de estilo con todo tipo de referencias sobre los criterios de tratamiento tipográfico aplicados a nuestros libros que puede ser consultado en Linkgua-ediciones.com.

Linkgua edita por encargo diferentes versiones de una misma obra con distintos tratamientos ortotipográficos (actualizaciones de carácter divulgativo de un clásico, o versiones estrictamente fieles a la edición original de referencia).

Este servicio de ediciones a la carta le permitirá, si usted se dedica a la enseñanza, tener una forma de hacer pública su interpretación de un texto y, sobre una versión digitalizada «base», usted podrá introducir interpretaciones del texto fuente. Es un tópico que los profesores denuncien en clase los desmanes de una edición, o vayan comentando errores de interpretación de un texto y esta es una solución útil a esa necesidad del mundo académico.

Asimismo publicamos de manera sistemática, en un mismo catálogo, tesis doctorales y actas de congresos académicos, que son distribuidas a través de nuestra Web.

El servicio de «libros a la carta» funciona de dos formas.

1. Tenemos un fondo de libros digitalizados que usted puede personalizar en tiradas de al menos cinco ejemplares. Estas personalizaciones pueden ser de todo tipo: añadir notas de clase para uso de un grupo de estudiantes, introducir logos corporativos para uso con fines de marketing empresarial, etc. etc.

2. Buscamos libros descatalogados de otras editoriales y los reeditamos en tiradas cortas a petición de un cliente.

www.ingramcontent.com/pod-product-compliance
Lightning Source LLC
Chambersburg PA
CBHW020443030426

42337CB00014B/1373